Wok- &

PFANNEN-

GERICHTE

KÖNEMANN

Köstliche Sandwiches aus der Pfanne

Käsesandwich

Zwei Scheiben Brot gleichmäßig bis zum Rand mit Butter bestreichen; eine Scheibe umdrehen, die nicht gebutterte Seite mit körnigem Senf bestreichen, mit Schinkenstreifen und dünn geschnittenem Gruyère belegen und mit der anderen Brotscheibe (nicht gebutterte Seite nach unten) bedecken.

Eine gußeiserne Pfanne erhitzen, das Sandwich hineingeben und bei mittlerer Hitze 2 Minuten braten, bis die Unterseite goldbraun ist und der Käse schmilzt. Dann das Sandwich mit einem Pfannenheber vorsichtig wenden und die andere Seite goldbraun rösten.

Italienisches Sandwich

Zwei Scheiben Weißbrot gleichmäßig mit Butter bestreichen; eine Scheibe mit dünn geschnittenem Mozzarella, feingehackten, getrockneten Tomaten oder Paprika sowie einem halben, feingehackten Sardellenfilet belegen. Anschließend mit der zweiten Brotscheibe bedecken und das Sandwich in zwei Hälften teilen. Jedes Sandwich in einem geschlagenen Ei wenden, abtropfen lassen und mit Sesamkörnern bestreuen.

Den Boden einer gußeisernen Pfanne ca. 1 cm hoch mit Öl bedecken und erhitzen. Die Sandwiches hineingeben und bei mittlerer Hitze 2–3 Minuten goldbraun braten; auf Küchenpapier abtropfen lassen und sofort servieren.

Sardinenstäbchen

Zwei Scheiben Weißbrot mit Butter bestreichen; eine Scheibe umdrehen, die nicht gebutterte Seite großzügig mit zerdrückten Sardinen in Tomatensauce bestreichen, mit Pfeffer und Salz würzen und mit der anderen Brotscheibe (nicht gebutterte Seite nach unten) bedecken. Rinden entfernen, das Sandwich in drei Teile schneiden und in einer schweren Pfanne beide Seiten goldbraun braten.

Käsesandwich

Italienisches Sandwich

Sardinenstäbchen

Gourmet-Sandwich

Zwei Scheiben Graubrot mit weicher Butter bestreichen; eine Scheibe wenden, die nicht gebutterte Seite mit zerdrückter Avocado bestreichen, pfeffern und salzen und mit dünn geschnittener Hühnerbrust, Tomatenscheiben sowie Camembert oder Brie belegen. Dann mit der anderen Brotscheibe (nicht gebutterte Seite nach unten) bedecken.

Eine gußeiserne Pfanne erhitzen, das Sandwich hineingeben und bei mittlerer Hitze 2 Minuten braten, bis die Unterseite goldbraun ist und der Käse schmilzt. Dann das Sandwich mit einem Pfannenheber vorsichtig wenden und die andere Seite goldbraun rösten.

Gourmet-Sandwich

Eier-Sandwich

Zwei Scheiben Brot mit weicher Butter bestreichen und jeweils mit einem großen, runden Plätzchenausstecher ausstechen. Einen Brotkreis umdrehen und die nicht gebutterte Seite mit Mayonnaise bestreichen. Dann beide Brotkreise mit der gebutterten Seite nach unten 3 Minuten goldbraun braten. Anschließend ein Ei in derselben Pfanne in einem Eiring braten und die Brotscheiben erneut in der Pfanne erhitzen. Das Spiegelei auf die mit Mayonnaise bestrichene Scheibe geben, mit Pfeffer und Salz würzen, mit Schnittlauchröllchen bestreuen und mit der anderen Brotscheibe (geröstete Seite nach oben) bedecken. Das Sandwich durchschneiden und sofort servieren.

Eier-Sandwich

Früchtetoastbrot

Ein Ei mit 1 EL Milch leicht verrühren, mehrere Scheiben Früchtebrot in der Mischung wälzen, abtropfen lassen und mit 2 EL Butter von beiden Seiten goldbraun braten. Die Scheiben halbieren und mit einem Löffel Eiscreme sowie etwas Ahornsirup (oder Marmelade) garnieren.

Früchtetoastbrot

Wokgerichte

Die folgenden schnell zubereiteten, köstlichen Gerichte können sowohl im Wok als auch in der Pfanne gegart werden. Neben traditionellen asiatischen Speisen finden Sie hier auch neue Rezepte mit ungewöhnlichen Zutatenkombinationen.

Chow Mein

Vorbereitungszeit:
20 Min.
Kochzeit:
15 Min.
Für 4 Personen

250 g frische, dünne Nudeln oder Fadennudeln
1 Zwiebel
1 Möhre
4 Frühlingszwiebeln
1 kleine rote Paprikaschote
80 ml Öl
1 TL Knoblauch, feingehackt
2 TL Ingwer, feingehackt
1 Becher Kochschinken oder Schinken, in Würfel geschnitten
1 EL Hoisinsauce
1/2 Becher Sojasprossen
3 TL Maisstärke
300 ml Hühnerfond

1. Die Nudeln in einem großen Topf mit kochendem Wasser al dente kochen, abtropfen lassen und auf einem sauberen Geschirrtuch zum Trocknen ausbreiten. Die Zwiebel vierteln oder achteln und in einzelne Lagen unterteilen. Die Möhre in dünne Streifen schneiden.
2. Die Frühlingszwiebeln in Streifen und die Paprikaschote in kleine Würfel schneiden.
3. 1 EL Öl in einer Pfanne erhitzen, die Hälfte der Nudeln hineingeben und bei mittlerer Hitze 5 Minuten braten, bis sich eine goldbraune Nudelmasse gebildet hat. Diesen Nudel-»Pfannkuchen« wenden und weitere 5 Minuten braten; dabei einen weiteren EL Öl am Rand der Pfanne verteilen. Die Nudeln auf einen Teller geben und warm stellen. Auf die gleiche Weise die restlichen Nudeln zubereiten.

Hühnchen mit Cashewnüssen (oben, Rezept S. 6) und Chow Mein

4. Restliches Öl in einer Pfanne oder im Wok erhitzen, Knoblauch und Ingwer unter Rühren leicht bräunen. Zwiebeln, Möhren, Frühlingszwiebeln und Paprika hinzufügen; bei starker Hitze 3 Minuten braten.
5. Kochschinken und Hoisinsauce dazugeben und unter gelegentlichem Rühren 1 Minute braten. Sojasprossen hinzufügen und unterrühren.
6. Maisstärke mit etwas Hühnerfond verrühren und in die Pfanne geben. Restlichen Fond hinzufügen und das Ganze unter ständigem Rühren garen, bis die Sauce andickt. Den Nudelpfannkuchen in Portionen schneiden, Schinkenmischung über die Nudeln geben und sofort servieren.

Hühnchen mit Cashewnüssen

Vorbereitungszeit:
10 Min.
Kochzeit:
10 Min.
Für 4 Personen

4 Hühnerbrustfilets
2 Zwiebeln
2 EL Öl
1/2 Becher Cashewnüsse, ungeröstet
200 ml Hühnerfond
1 EL Honig
1 EL Maisstärke
2 Frühlingszwiebeln, diagonal in Scheiben
Salz oder Sojasauce, zum Abschmecken

1. Hühnerbrustfilets in lange, dünne Streifen schneiden. Die Zwiebeln halbieren und in kleine Stücke schneiden.
2. Die Hälfte des Öls im Wok oder in einer schweren Pfanne erhitzen, Nüsse zugeben; bei starker Hitze unter Rühren goldbraun rösten. Nüsse aus der Pfanne nehmen und auf Küchenpapier abtropfen lassen. Restliches Öl erhitzen und die Zwiebeln darin 2 Minuten bei starker Hitze braten.
3. Hühnerfilets hinzufügen und 4 Minuten unter Rühren bräunen. Temperatur reduzieren, die Hälfte des Fonds hinzufügen und die Filetstreifen darin garen, bis der Fond fast vollständig verdampft ist.
4. Den Honig mit restlichem Fond und der Maisstärke in einer kleinen Schüssel verrühren, über das Fleisch gießen und unter Rühren garen, bis die Sauce leicht andickt. Das Ganze mit Frühlingszwiebeln bestreuen; mit Salz oder Sojasauce abschmecken. Mit roten Paprikastreifen garnieren.

TIP
Die Zutaten nicht zu lange in der Pfanne rühren; insbesondere das Gemüse sollte noch Biß haben.

Lamm mit Gemüse

Vorbereitungszeit:
10 Min.
Kochzeit:
15 Min.
Für 4 Personen

500 g Lammfilet
Pfeffer und Salz
1 Eiweiß, leicht geschlagen
1 EL Maisstärke
2–3 EL Öl
2 cm großes Stück frischer Ingwer, in dünne Scheiben geschnitten
2 Knoblauchzehen, zerdrückt
2 EL Sojasauce
2 Stangen Porree, in dünne Scheiben geschnitten
250 g junger, frischer Spinat, gewaschen und kleingeschnitten
1 kleiner Bund Pak-Choi, in ca. 2,5 cm lange Stücke geschnitten
3/4 Becher Tiefkühl-Erbsen
1 TL Zucker
60 ml Hühnerfond
1 Spritzer Chilisauce

1. Das Lammfleisch quer zur Faser in etwa 2,5 cm breite Streifen schneiden, pfeffern und salzen, kurz in Eiweiß tauchen und in Maisstärke wälzen. Die Hälfte des Öls im Wok oder in einer Pfanne erhitzen, Ingwer, Knoblauch und Sojasauce hineingeben und bei starker Hitze 30 Sekunden unter Rühren anbraten. Lammstücke hinzufügen und 1 Minute bei starker Hitze unter Rühren bräunen. Tempe-

Lamm mit Gemüse

ratur reduzieren und das Ganze in der abgedeckten Pfanne bei mittlerer Hitze 3 Minuten braten.

2. Das restliche Öl erhitzen, den Porree hinzugeben und bei starker Hitze 3 Minuten unter Rühren braten, bis er leicht zusammenfällt.

3. Spinat, Pak-Choi und Tiefkühl-Erbsen hineingeben und 1 Minute unter Rühren braten. Hitze reduzieren und das Ganze im abgedeckten Wok 2 Minuten garen. Zucker, Hühnerfond und Chilisauce in einer kleinen Schüssel verrühren, danach in die Pfanne geben und unterrühren. Das Lammfleisch dazugeben und unterrühren; anschließend das Ganze 2 Minuten garen, bis das Lamm zart ist und das Gemüse noch Biß hat. Mit Zitronenschalenstreifen garnieren.

Thailändisches Filet

Vorbereitungszeit:
15 Min.
Kochzeit:
7 Min.
Für 4 Personen

200 g Eiernudeln
400 g Rinderfilet
2 EL Öl
1 rote Paprikaschote, in Streifen geschnitten
2 Knoblauchzehen, zerdrückt
500 g Pak-Choi, gehackt
8 Frühlingszwiebeln, gehackt
60 ml Zitronensaft
2 EL süße Chilisauce
2 EL Thailändische Fischsauce
1/4 Becher frischer Koriander, gehackt
1/4 Becher frische Minze, gehackt

1. Die Nudeln entsprechend der Packungsangabe kochen; abtropfen lassen.
2. Das Rinderfilet quer zur Faser in gleichmäßig flache, dünne Streifen schneiden.
3. Die Hälfte des Öls im Wok oder in einer Pfanne erhitzen. Das Fleisch portionsweise hinzugeben; jede Portion bei starker Hitze unter Rühren kurz bräunen, anschließend aus der Pfanne nehmen und auf Küchenpapier abtropfen lassen.
4. Das restliche Öl in der gleichen Pfanne erhitzen, Knoblauch und Paprika hinzugeben und bei starker Hitze 1 Minute unter Rühren braten. Pak-Choi und Frühlingszwiebeln dazugeben und bei starker Hitze 2 Minuten unter Rühren braten.
5. Zitronensaft, Chilisauce, Fischsauce, Koriander, Minze, Nudeln und Rindfleisch in die Pfanne geben und bei starker Hitze etwa 2 Minuten vollständig erhitzen.

Thailändisches Kokosgemüse

Vorbereitungszeit:
15 Min.
Kochzeit:
15 Min.
Für 4–6 Personen

1 EL Öl
2 kleine Zwiebeln, geviertelt
1 TL Kreuzkümmel, gemahlen
150 g Blumenkohlröschen
1 rote Paprikaschote, gehackt
2 Stangen Bleichsellerie, diagonal in Scheiben geschnitten
375 g Kürbis, feingerieben
250 ml Kokosmilch
250 ml Gemüsefond
1 EL süße Chilisauce
150 g grüne Bohnen
1 EL frischer Koriander, feingehackt

1. Öl im Wok oder in einer Pfanne erhitzen; Zwiebeln und Kreuzkümmel zugeben und bei mittlerer Hitze ca. 2 Minuten goldbraun braten.
2. Blumenkohl zugeben und bei starker Hitze 2 Minuten unter Rühren braten; danach Paprika, Sellerie und Kürbis hinzufügen und bei starker Hitze 2 Minuten unter Rühren braten.
3. Kokosmilch, Gemüsefond und Chilisauce in die Pfanne geben und aufkochen. Hitze reduzieren und alles 8 Minuten garen, so daß das Gemüse noch Biß hat.
4. Bohnen putzen und halbieren. Danach Bohnenhälften und Koriander in die Pfanne geben und weitere 2 Minuten garen lassen. Pfanne vom Herd nehmen und nach Wunsch mit gedämpftem Reis servieren.

Tip
Das Fleisch in mehreren Portionen braten, damit es gleichmäßig gart. Zu große Fleischmengen im Wok oder in der Pfanne verlieren zuviel Saft, so daß das Fleisch zäh wird.

Thailändisches Filet (oben), Thailändisches Kokosgemüse

Zuckererbsen mit Paprika

Vorbereitungszeit:
10 Min.
Kochzeit:
7 Min.
Für 4 Personen

1 große Zwiebel
185 g Zuckererbsen
1 EL Öl
1 EL frischer Ingwer, gerieben
1 rote Paprikaschote, in Streifen geschnitten
1 kleine Knoblauchzehe, zerdrückt
1 EL Austernsauce
1 TL Zucker
1 Prise Salz
1 EL Wasser

1. Die Zwiebel halbieren und in dünne Scheiben schneiden; die Zuckererbsen putzen.
2. Öl im Wok oder in einer Pfanne erhitzen; Ingwer, Zwiebeln und Paprika hinzufügen und bei starker Hitze 4–5 Minuten unter Rühren braten, so daß das Gemüse noch Biß hat. Knoblauch und Zuckererbsen dazugeben und 2 Minuten unter Rühren garen, bis die Erbsen leuchtend grün sind.
3. Austernsauce, Zucker, Salz und Wasser in die Pfanne geben und durchrühren. Sofort servieren.

Kokos-Garnelen mit Bambussprossen

Vorbereitungszeit:
20 Min.
Kochzeit:
5 Min.
Für 4 Personen

1 1/4 kg frische Garnelen
2 EL Öl
2 Zwiebeln, geviertelt
1–2 EL grüne Currypaste
230 g Bambussprossen in Scheiben, abgetropft
125 ml Kokosmilch
1 EL Zitronensaft
3 TL Fischsauce
2 TL Zucker
1/3 Becher frisches Basilikum, gehackt

1. Garnelen schälen und putzen; die Schwänze ganz lassen. Öl in der Pfanne erhitzen, Zwiebeln hinzugeben und bei mittlerer Hitze 3 Minuten unter Rühren glasig dünsten. Currypaste hinzufügen und bei starker Hitze 1 Minute unter Rühren braten; die Garnelen in die Pfanne legen und bei starker Hitze 1 Minute braten.
2. Bambussprossen, Kokosmilch, Zitronensaft, Fischsauce, Zucker und Basilikum zugeben und bei starker Hitze 2 Minuten unter Rühren garen, bis die Sauce andickt.

Von oben: Zuckererbsen mit Paprika, Kokos-Garnelen mit Bambussprossen und Gebratener Spargel mit Sesamkörnern

Gebratener Spargel mit Sesamkörnern

Vorbereitungszeit:
10 Min.
Kochzeit:
6 Min.
Für 4 Personen

1 EL Sesamkörner
2 EL Öl
1 Knoblauchzehe, feingehackt
1 TL frischer Ingwer, gerieben
750 g Spargel, geschält, in 5 cm großen Stücken
1 TL Salz
1/2 TL Pfeffer
1/2 TL Zucker
2 TL Sesamöl
1 EL Sojasauce

1. Wok oder Pfanne erhitzen, die Sesamkörner hineingeben und bei starker Hitze 2 Minuten unter Rühren goldbraun rösten; danach aus der Pfanne nehmen.
2. Das Öl in der Pfanne erhitzen; dann Knoblauch, Ingwer und Spargel hinzugeben und bei starker Hitze 3 Minuten unter Rühren braten, so daß das Gemüse noch Biß hat. Das Gemüse mit Pfeffer und Salz bestreuen, den Zucker hinzufügen und bei starker Hitze 1 Minute unter Rühren garen.
3. Das Gericht mit Sesamöl, Sojasauce und Sesamkörnern bestreuen und sofort servieren.

Rindfleisch mit Pak-Choi

Vorbereitungszeit:
20 Min.
Kochzeit:
10 Min.
Für 4 Personen

1 Bund Pak-Choi
2 EL Öl
2 Knoblauchzehen, zerdrückt
250 g Rumpsteak, in dünnen Scheiben
2 EL Sojasauce
1 EL süßer Sherry
2 EL frisches Basilikum, gehackt
2 TL Sesamöl

1. Das Pak-Choi waschen und abtropfen lassen. Blätter in breite, Stengel in schmale Streifen schneiden. 1 EL Öl im Wok oder in einer Pfanne erhitzen, Knoblauch hinzufügen und unter Rühren 30 Sekunden anbraten.

2. Restliches Öl erhitzen; Rindfleisch in kleinen Portionen in die Pfanne geben und bei starker Hitze 3 Minuten unter Rühren leicht bräunen; aus der Pfanne nehmen.

3. Pak-Choi 30 Sekunden unter Rühren anbraten, bis die Blätter gerade zusammenfallen. Fleisch, Sojasauce und Sherry hinzugeben und 2–3 Minuten braten, bis das Fleisch zart wird.

4. Basilikum und Sesamöl darübergeben und alles gut durchrühren. Mit roten Paprikastreifen garnieren.

Tip
Da der tropische Blattkohl Choisum (mit seinen langen Blättern und kurzen Stielen) ein dem Pak-Choi vergleichbares Aroma hat, kann man ihn hier ebenfalls verwenden.

Rindfleisch mit Pak-Choi

1 Blätter und Stiele des Pak-Choi in breite bzw. schmale Streifen schneiden.

2 Rindfleisch portionsweise bei starker Hitze unter Rühren bräunen.

3 *Den Pak-Choi kurz anbraten, bis die Blätter zusammenzufallen beginnen.*

4 *Fleisch wieder in die Pfanne geben, gehacktes Basilikum hinzufügen.*

Meeresfrüchte aus der Pfanne

Vorbereitungszeit:
20 Min.
Kochzeit:
5 Min.
Für 4 Personen

400 g Weißfischfilet
200 g Garnelen
1 EL Öl
2 kleine rote Chilischoten, feingehackt
1 großes Stück Zitronengras (4 cm, nur das untere weiße Ende), feingehackt
2 Knoblauchzehen, zerdrückt
100 g Zuckererbsen, diagonal in Scheiben geschnitten
1–2 EL Fischsauce
6 Frühlingszwiebeln, in 2 cm breite Streifen geschnitten
1/4 Becher Basilikum, gehackt
2 EL Koriander, gehackt

1. Den Fisch in kleine Würfel schneiden; die Garnelen schälen und putzen; die Schwänze ganz lassen. Öl im Wok oder in einer schweren Pfanne erhitzen, Chillies, Fisch, Zitronengras, Knoblauch und Zuckererbsen hinzugeben und bei mittlerer Hitze 2 Minuten unter Rühren braten, bis die Garnelen rosa sind.
2. Sauce, Zwiebeln, Basilikum, Koriander hineingeben, 1 Minute braten und sofort servieren.

Ingwer-Gemüse

Vorbereitungszeit:
10 Min.
Kochzeit:
5 Min.
Für 4 Personen

1 EL Öl
3 TL frischer Ingwer, gerieben
4 Frühlingszwiebeln, in Scheiben geschnitten
230 g Wasserkastanien, aus der Dose, abgetropft und halbiert
425 g Maiskölbchen, abgetropft
1 Becher Chinakohl, in dünnen Streifen
125 g Sojasprossen
1 EL Sojasauce
1–2 EL Austernsauce
2 TL Sesamöl

1. Das Öl im Wok oder in einer gußeisernen Pfanne erhitzen. Den Ingwer und die Frühlingszwiebeln dazugeben und bei starker Hitze 1 Minute unter Rühren dünsten. Wasserkastanien und Maiskölbchen dazugeben und 30 Sekunden braten.
2. Chinakohl, Sojasprossen und Saucen in die Pfanne geben; 1 Minute unter Rühren braten; anschließend Sesamöl darübergießen und gut durchrühren.

Ingwer-Gemüse (oben) und Meeresfrüchte aus der Pfanne

Hühnchen mit Spargel und Mandeln

Vorbereitungszeit:
15 Min.
Kochzeit:
8 Min.
Für 4 Personen

500 g Hühnerfilet
2 EL Öl
300 g frischer Spargel, in 5 cm große Stücke geschnitten
1 große rote Paprikaschote, in Streifen
1 EL frischer Ingwer, gerieben
8 Frühlingszwiebeln, in 3 cm großen Stücken
2 TL süße Chilisauce
3 TL Sojasauce
1/2 Becher Mandeln, abgezogen und geröstet

1. Überschüssiges Fett und Sehnen der Hühnerfilets entfernen und das Fleisch in dünne Streifen schneiden. Öl im Wok oder in einer Pfanne erhitzen und Spargelstücke und Paprika hinzugeben. Bei starker Hitze 2 Minuten unter Rühren braten, aus der Pfanne nehmen und beiseite stellen. Ingwer in die Pfanne geben und 1 Minute unter Rühren garen. Filets zugeben und portionsweise je 2–3 Minuten goldbraun braten. Spargel und Paprika wieder in die Pfanne geben.
2. Frühlingszwiebeln und Saucen hinzufügen und unter Rühren 2 Minuten garen, so daß das Gemüse noch Biß hat. Dann die Mandeln unterrühren.

Hinweis: Dicke Spargelstangen längs halbieren, damit sie schneller garen.

Griechisches Lamm

Vorbereitungszeit:
20 Min.
Kochzeit:
8 Min.
Für 4 Personen

400 g Lammfilet
2 EL Olivenöl
1 große rote Zwiebel, in Scheiben geschnitten
3 Zucchini, in dünne Scheiben geschnitten
200 g Kirschtomaten, halbiert
3 Knoblauchzehen, zerdrückt
2 EL Zitronensaft
1/3 Becher schwarze Oliven, entsteint, halbiert
2 EL frischer Oregano, feingehackt
100 g Fetakäse, zerkleinert
1/3 Becher Pinienkerne, geröstet

Hühnchen mit Spargel und Mandeln (oben), Griechisches Lamm

1. Lammfilet quer zur Faser in dünne Streifen schneiden. Pfanne oder Wok erhitzen, Olivenöl hineingeben und 30 Sekunden erhitzen. Lamm portionsweise dazugeben und jeweils bei starker Hitze 1–2 Minuten unter Rühren bräunen; auf einen Teller geben.
2. Zwiebeln und Zucchini in die Pfanne geben und bei starker Hitze 2 Minuten unter Rühren garen, so daß sie noch Biß haben. Kirschtomaten und Knoblauch hinzufügen und 1–2 Minuten garen. Fleisch in die Pfanne geben und unter Rühren stark erhitzen.
3. Pfanne vom Herd nehmen, Zitronensaft, Oliven und Oregano hinzufügen und gut durchrühren. Das Gericht mit zerbröckeltem Fetakäse und Pinienkernen bestreuen und sofort servieren.

TIP
Pfannengerichte müssen sich nicht nur auf asiatische Zutaten beschränken. Experimentieren Sie doch einmal mit Oliven, Tomaten und Käse. Solange Sie frische und schnell garende Zutaten verwenden, erhalten Sie immer ein köstliches Gericht.

Rindfleisch mit süßsaurem Gemüse

Vorbereitungszeit: 15 Min.
Kochzeit: 10 Min.
Für 4 Personen

500 g Rinderfilet
2 EL Öl
2 Möhren, in dünne Scheiben geschnitten
2 TL Sesamöl
2 Zucchini, in Scheiben
2 Selleriestangen, in Scheiben geschnitten
250 g Champignons, in Scheiben geschnitten
4 Knoblauchzehen, zerdrückt
1 TL Sambal Oelek
160 ml Orangensaft
80 ml Pflaumensauce
2 EL Sherry
2 EL Teriyakisauce

1. Das Rinderfilet quer zur Faser in gleichmäßig flache, dünne Streifen schneiden. Öl im Wok oder in einer Pfanne erhitzen. Das Fleisch portionsweise hineingeben und bei starker Hitze 2–3 Minuten unter Rühren bräunen; aus der Pfanne nehmen und auf Küchenpapier abtropfen lassen.
2. Möhren und Sesamöl in die Pfanne geben und bei starker Hitze 2 Minuten unter Rühren dünsten. Zucchini, Sellerie, Champignons, Knoblauch und Sambal Oelek hinzufügen und 3 Minuten unter Rühren garen.
3. Orangensaft, Pflaumensauce, Sherry und Teriyakisauce dazugeben und bei starker Hitze 2 Minuten unter Rühren garen, bis die Sauce andickt. Fleisch in die Pfanne geben und 1 Minute unter Rühren vollständig erhitzen. Nach Wunsch mit Möhrenstreifen garnieren.

Hühnchen mit Pilzen und Vermicelli

Vorbereitungszeit: 25 Min.
Kochzeit: 10 Min.
Für 4 Personen

100 g Vermicelli
12 große, getrocknete Shiitake-Pilze
2 EL Öl
1 Zwiebel, gehackt
2 Knoblauchzehen, zerdrückt
1–2 TL Sambal Oelek
500 g Hühnerhack
2 Becher Sojasprossen
1/2 Becher frischer Koriander, gehackt
2 EL Limonensaft
1 EL Fischsauce
1 EL Sojasauce

1. Die Vermicelli etwa 3 Minuten al dente kochen; gut abtropfen lassen.
2. Shiitake-Pilze in eine Schüssel geben, mit kochendem Wasser bedekken und 15 Minuten einweichen; abtropfen lassen, in Scheiben schneiden und die Stengel entfernen.
3. Öl in einer Pfanne erhitzen; Hühnerhack, Knoblauch, Zwiebeln und Sambal Oelek hinzufügen und bei mittlerer Hitze 3 Minuten unter Rühren braten, bis das Fleisch gebräunt und alle Flüssigkeit verdampft ist. Während des Anbratens die Hackstücke mit einer Gabel zerkleinern.
4. Sojasprossen, Koriander, Limonensaft, Fischsauce, Sojasauce, gekochte Vermicelli und Pilzscheiben in die Pfanne geben und 2 Minuten unter Rühren vollständig erhitzen. Nach Wunsch mit Chilischeiben garnieren.

Tip
Bereiten Sie alle Zutaten sorgfältig vor, so daß Sie sie sofort in die Pfanne geben können. Das vorbereitete Gemüse sollte gleich groß geschnitten sein, damit es gleichmäßig gart.

Hühnchen mit Pilzen und Vermicelli (oben), Rindfleisch mit süßsaurem Gemüse

Gebratener Reis

Vorbereitungszeit:
15 Min.
Kochzeit:
10 Min.
Für 4 Personen

4 Frühlingszwiebeln
2 EL Erdnußöl
2 Eier, leicht geschlagen
1 Zwiebel, in Scheiben geschnitten
250 g Knochenschinken, in Scheiben geschnitten
4 Becher gekochter Reis, abgekühlt
1/4 Becher Tiefkühl-Erbsen
2 EL Sojasauce
250 g Shrimps, gekocht und geschält

1. Die Frühlingszwiebeln in kurze, diagonale Stükke schneiden. 1 EL Öl in einer großen Pfanne oder in einem Wok erhitzen und die Eier hineingeben. Gestockte Eier in die Mitte schieben und die Pfanne schräg halten, damit das flüssige Ei zu den Rändern läuft.
2. Das fast völlig gestockte Ei auf einen Teller heben, in Streifen schneiden und beiseite stellen.
3. Das restliche Öl in der Pfanne erhitzen, Zwiebeln hinzugeben und bei starker Hitze 1–2 Minuten unter Rühren glasig dünsten. Schinken hinzugeben und 1 Minute braten; danach Reis und Erbsen 3 Minuten unter Rühren erhitzen. Eier, Sojasauce, Frühlingszwiebeln und Shrimps dazugeben, erhitzen und servieren.

Tintenfisch mit Chilisauce

Vorbereitungszeit:
20 Min. + 2 Std. Marinierzeit
Kochzeit:
4 Min.
Für 4 Personen

750 g Baby-Tintenfische
1 EL Öl
2 Knoblauchzehen, zerdrückt
2 EL süße Chilisauce
1 EL Limonensaft
2 EL Öl, zusätzlich

1. Tintenfische gut waschen und mit Küchenpapier trocken tupfen. Mit einem scharfen Messer den Kopf aufschneiden und Gedärme entfernen. Den Körper gut festhalten, mit dem Zeigefinger den Schnabel herausschieben und entfernen. Bei großen Exemplaren Tentakel halbieren.
2. Tintenfisch, Öl, Knoblauch, Limonensaft in einer Schüssel mischen; mit Klarsichtfolie abdekken und 2 Stunden in den Kühlschrank stellen.
3. Das restliche Öl im Wok oder in einer schweren Pfanne erhitzen. Tintenfisch abtropfen lassen (Marinade beiseite stellen) und bei mittlerer Hitze unter Rühren 3–4 Minuten anbraten. Die Marinade hinzugeben und das Gericht unter Rühren erhitzen.

Fünf-Gewürze-Rindfleisch

Vorbereitungszeit:
15 Min.
Kochzeit:
10 Min.
Für 4 Personen

1 TL Fünf-Gewürze-Pulver
1/2 TL schwarzer Pfeffer
500 g Rumpsteak
2 EL Öl
3 TL frischer Ingwer, feingerieben
4 Frühlingszwiebeln, in 3 cm großen Stücken
2 EL Sojasauce
2 EL Austernsauce

1. Fünf-Gewürze-Pulver und Pfeffer mischen; Fleisch damit einreiben und in dünne Streifen schneiden. 1 EL Öl im Wok oder in einer schweren Pfanne erhitzen. Ingwer und Frühlingszwiebeln zugeben; 1 Minute braten; aus der Pfanne nehmen, warm stellen.
2. Das Fleisch in kleinen Portionen bei starker Hitze kurz bräunen.
3. Das ganze Fleisch in die Pfanne geben, Saucen hinzufügen und gut rühren. Sofort servieren.

Von oben: Fünf-Gewürze-Rindfleisch, Tintenfisch mit Chilisauce und Gebratener Reis

Würziges Lamm

Vorbereitungszeit:
5 Min.
Kochzeit:
10 Min.
Für 4 Personen

500 g Lammfilet
2 EL Öl
2 EL Kreuzkümmel, gemahlen
2 TL Koriander, gemahlen
2 TL getrocknete Minze
1 TL Gelbwurz
10 Spinatblätter, gehackt
2 TL Stärke
1 EL Zitronensaft
1/2 Becher Rosinen
1/4 Becher Pinienkerne
Joghurt, zum Garnieren

1. Überschüssiges Fett und Sehnen des Lamms entfernen; Fleisch in dünne Streifen schneiden. Öl im Wok oder in einer Pfanne erhitzen, Kreuzkümmel, Koriander, Minze und Gelbwurz hineingeben und bei starker Hitze 1 Minute braten.
2. Fleisch portionsweise zugeben, bei starker Hitze 4 Minuten bräunen und auf einen Teller heben. Spinat hinzufügen und 4 Minuten garen.
3. Stärke und Zitronensaft vermischen, in die Pfanne einrühren, Rosinen und Pinienkerne dazugeben und garen, bis die Sauce andickt. Das Fleisch hinzufügen und das Gericht unter Rühren vollständig erhitzen. Vom Herd nehmen; mit Joghurt garnieren.

Chinesische Gemüsepfanne

Vorbereitungszeit:
5 Min.
Kochzeit:
4 Min.
Für 4 Personen

1 Möhre
1 rote Paprikaschote
125 g grüne Bohnen
1 EL Öl
1 Knoblauchzehe, zerdrückt
200 g Reisstrohpilze
1 1/2 TL Stärke
1/3 Becher Hühnerfond
1 TL Sesamöl
1 TL Zucker
2 TL Sojasauce

1. Möhre in dünne Scheiben schneiden; Paprikaschote entkernen und in Stücke schneiden; Bohnen putzen und halbieren.
2. Öl im Wok oder in einer schweren Pfanne erhitzen, Möhren hinzufügen und bei starker Hitze 30 Sekunden garen. Knoblauch, Paprika, Bohnen und Pilze zugeben und bei starker Hitze 2 Minuten garen, so daß das Gemüse noch Biß hat.
3. Stärke in etwas Hühnerfond verrühren, mit dem restlichen Fond, Sesamöl, Zucker und Sojasauce mischen. Schließlich die Mischung in den Wok geben und rühren, bis die Sauce andickt.

Würziges Hühnchen mit Tomaten

Vorbereitungszeit:
15 Min.
Kochzeit:
8 Min.
Für 4 Personen

2 EL Öl
2 Knoblauchzehen, zerdrückt
3 TL frischer Rosmarin, gehackt
2 kleine rote Chilischoten, gehackt
6 Frühlingszwiebeln, gehackt
500 g Hühnerbrustfilet, in Streifen geschnitten
1 große Tomate, gehäutet, entkernt und gehackt
1 EL Tomatenmark
1 EL Worcestersauce
3 EL Meerrettich
frischer schwarzer Pfeffer
1 EL Zitronensaft

1. Das Öl im Wok oder in der Pfanne erhitzen, Knoblauch, Rosmarin, Chillies und Frühlingszwiebeln zugeben und bei starker Hitze 2 Minuten garen.
2. Hühnerfilet zugeben; 3 Minuten goldbraun anbraten. Tomaten, Tomatenmark, Worcestersauce und Meerrettich zugeben; 1 Minute garen.
3. Pfeffer und Zitronensaft in die Pfanne geben und das Gericht 2 Minuten unter Rühren garen.

Von oben: Würziges Lamm, Würziges Hühnchen mit Tomaten und Chinesische Gemüsepfanne

Café

Schweinefilet mit Gemüse in Pflaumensauce

Vorbereitungszeit:
15 Min.
Kochzeit:
10 Min.
Für 4 Personen

500 g Schweinefilet
1 EL Öl
2 kleine Zwiebeln, geviertelt
2 TL Ingwer, gerieben
1/2 Becher Pflaumenmus
2 EL Sojasauce
200 g Zuckererbsen
2 kleine Möhren, in diagonalen Scheiben
2 kleine Pastinaken, in Streifen geschnitten

1. Überschüssiges Fett und Sehnen des Filets entfernen; Fleisch in dünne Streifen schneiden. Öl in Wok oder Pfanne erhitzen, Fleisch zugeben und bei starker Hitze 4 Minuten bräunen; auf Papier abtropfen lassen.
2. Zwiebeln und Ingwer in die Pfanne geben und bei starker Hitze 2 Minuten braten. Sojasauce und Pflaumenmus zugeben; 2 Minuten garen, bis das Mus zerlassen ist und leicht andickt.
3. Zuckererbsen, Möhren und Pastinaken dazugeben und bei starker Hitze 4 Minuten unter Rühren garen; das Fleisch wieder in die Pfanne legen und bei starker Hitze 1 Minute unter Rühren erhitzen. Pfanne vom Herd nehmen und (mit Reis oder Nudeln) sofort servieren.

Chinesisches Gemüse

Vorbereitungszeit:
10 Min.
Kochzeit:
3 Min.
Für 4–6 Personen

1 Bund Pak-Choi oder Choisum
1 EL Erdnußöl
1 EL Austernsauce
2 EL Schwarze Bohnensauce
1 TL Sesamöl

1. Braune Blätter und zähe Stengel des Pak-Choi entfernen; die restlichen Blätter einzeln gründlich waschen und mit Küchenpapier trocken tupfen.
2. Die Stengel in gleichmäßige Stücke und die Blätter in breite Streifen schneiden. Öl im Wok erhitzen; Stengel hineingeben, kurz durchrühren und im geschlossenen Wok 2 Minuten garen. Blätter dazugeben und 1 Minute unter Rühren garen, so daß sie noch Biß haben.
3. Saucen und Sesamöl hinzufügen, 30 Sekunden unter Rühren vollständig erhitzen; anschließend sofort servieren.

Hühnchen mit Bambussprossen

Vorbereitungszeit:
30 Min.
Kochzeit:
10 Min.
Für 4 Personen

1 EL Öl
4 Frühlingszwiebeln, in 1 cm großen Stücken
2 TL frischer Ingwer, gerieben
500 g Hühnerbrustfilet, in Scheiben geschnitten
1/2 Becher Bambussprossen, in Scheiben
1 rote Paprikaschote, in dünnen Scheiben
2 EL Sojasauce
1–2 EL süße Chilisauce
100 g Cashewnüsse, geröstet

1. Öl im Wok oder in einer gußeisernen Pfanne erhitzen, Frühlingszwiebeln und Ingwer dazugeben und bei starker Hitze 30 Sekunden braten. Filet portionsweise bei starker Hitze 2–3 Minuten unter Rühren bräunen.
2. Bambussprossen und Paprika in die Pfanne geben und bei starker Hitze 2 Minuten unter Rühren garen. Sojasauce, Chilisauce und Cashewnüsse hinzufügen und unter Rühren erhitzen.

Von oben: Chinesisches Gemüse, Hühnchen mit Bambussprossen, Schweinefilet mit Gemüse in Pflaumensauce

Jakobsmuscheln mit Gemüse

Vorbereitungszeit:
15 Min.
Kochzeit:
8 Min.
Für 4 Personen

2 EL Öl
500 g Jakobsmuscheln
300 g Zuckererbsen
250 g Spargel, in 4 cm großen, sehr dünnen Stücken
2 Knoblauchzehen, zerdrückt
4 Frühlingszwiebeln, gehackt
2 TL Gelbwurz, gemahlen
1/2 TL getrocknete Chilischoten, in Streifen
80 ml Fischfond
60 ml Sherry
1 EL Sojasauce
1/2 Becher ungesalzene Erdnüsse

1. 1 EL Öl im Wok oder in einer Pfanne erhitzen, die Muscheln dazugeben und bei starker Hitze 1 Minute leicht bräunen lassen; dann aus der Pfanne nehmen und auf Küchenpapier abtropfen lassen.
2. Das restliche Öl in die Pfanne geben, Erbsen und Spargel hinzufügen und bei starker Hitze 3 Minuten unter Rühren garen. Knoblauch, Frühlingszwiebeln, Gelbwurz und Chili zugeben und 1 Minute unter Rühren garen.
3. Fischfond, Sherry und Sojasauce hinzugeben und 1 Minute unter Rühren garen, so daß das Gemüse noch Biß hat. Erdnüsse und Muscheln in die Pfanne geben und 1 Minute erhitzen.

Thailändisches Hühnchen

Vorbereitungszeit:
20 Min.
Kochzeit:
10 Min.
Für 4 Personen

350 g Brokkoli
1 rote Paprikaschote
1 Zwiebel
2 EL Öl
1 EL grüne Currypaste
2 Stengel Zitronengras, feingehackt
2 Knoblauchzehen, zerdrückt
500 g Hühnerbrustfilet, in Scheiben geschnitten
1 EL Fischsauce
2 TL Limonensaft
2 TL brauner Zucker
1 EL süße Chilisauce

1. Brokkoli putzen und in Röschen teilen. Scheidewände und Kerne der Paprikaschote entfernen und die Paprika diagonal in 3–4 Stücke schneiden. Zwiebel achteln und in Stücke zerteilen. 1 EL Öl im Wok oder in einer schweren Pfanne erhitzen, Currypaste, Zitronengras und Knoblauch zufügen und bei mittlerer Hitze 30 Sekunden anbraten, bis die Gewürzmischung ihr Aroma entfaltet. Zwiebeln dazugeben und 1 Minute braten.
2. Das Hühnerfilet portionsweise bei starker Hitze unter Rühren bräunen; anschließend aus der Pfanne nehmen.
3. Das restliche Öl erhitzen, Brokkoli und Paprika hinzufügen und bei starker Hitze 1 Minute unter Rühren garen. Das Huhn wieder in die Pfanne legen, Fischsauce, Limonensaft und Zucker dazugeben und bei mittlerer Hitze 5 Minuten unter Rühren braten, bis das Fleisch zart ist. Die Sauce durchrühren und nach Wunsch mit Chilischeiben servieren.

TIP
Die in Asienläden erhältliche grüne Currypaste wird aus grünen Chilischoten hergestellt und ist recht scharf. Am besten geben Sie zuerst die Hälfte der angegebenen Menge in die Pfanne und würzen dann nach Belieben nach.

Thailändisches Hühnchen (oben) und Jakobsmuscheln mit Gemüse

Tofu mit Gemüse

Vorbereitungszeit:
20 Min.
Kochzeit:
20 Min.
Für 4–6 Personen

125 g Reisnudeln
200 ml Öl
1 EL Sojasauce
1 EL Sherry
1 EL Austernsauce
125 ml Hühnerfond
2 TL Stärke
2 TL Wasser
1 EL Öl, zusätzlich
1 Knoblauchzehe, zerdrückt
2 TL frischer Ingwer, gerieben
375 g schnittfester Tofu, in kleinen Würfeln
2 Möhren, in streichholzdünnen Streifen
250 g Zuckererbsen, geputzt
4 Frühlingszwiebeln, in dünnen Scheiben
425 g Reisstrohpilze aus der Dose, abgetropft

1. Reisnudeln klein brechen. Hälfte des Öls im Wok erhitzen, Nudeln portionsweise bei mittlerer Hitze braten (ggf. mehr Öl zugeben); auf Küchenpapier abtropfen lassen.
2. Sojasauce, Sherry, Austernsauce und Hühnerfond mischen; Stärke mit Wasser verrühren.
3. Den Wok erhitzen, zusätzliches Öl, Knoblauch und Ingwer hinzufügen und bei starker Hitze 1 Minute garen. Tofuwürfel dazugeben, 3 Minuten braten und aus dem Wok nehmen. Möhren und Zuckererbsen hinzufügen und 1 Minute garen; Saucen und Fond dazugeben, den Wok abdecken und das Ganze 3 Minuten kochen, so daß das Gemüse noch Biß hat. Anschließend Tofu wieder in den Wok geben.
4. Frühlingszwiebeln, Pilze und Stärkemischung zugeben; rühren, bis die Sauce andickt. Wok vom Herd nehmen; mit Reisnudeln servieren.

Tofu mit Gemüse

1 Reisnudeln in heißem Öl garen und auf Küchenpapier abtropfen lassen.

2 Sojasauce, Sherry, Austernsauce und Hühnerfond verrühren.

3 Die Tofuwürfel 3 Minuten unter ständigem Rühren bräunen.

4 Alle Zutaten in die Pfanne geben, dann Frühlingszwiebeln und Pilze hinzufügen.

Nudeln mit Schweinefleisch und Garnelen

Vorbereitungszeit:
20 Min.
Kochzeit:
10 Min.
Für 4 Personen

12 Garnelen
200 g Schweinebraten
500 g frische Eiernudeln
60 ml Erdnußöl
2 TL Knoblauch, feingehackt
1 EL Schwarze Bohnensauce
1 EL Sojasauce
1 EL Ingwer-Chili-Sauce
1 EL Weißweinessig
60 ml Hühnerfond
125 g Sojasprossen
3 Frühlingszwiebeln, in dünnen Scheiben
1/4 Becher frischer Koriander, gehackt, zum Garnieren

1. Die Garnelen schälen und putzen; die Schwänze dabei ganz lassen; den Schweinebraten in gleichmäßige, dünne Scheiben schneiden. Die Nudeln in einem großen Topf al dente kochen, abtropfen lassen und beiseite stellen.
2. Das Öl im Wok oder in einer Pfanne erhitzen, den Knoblauch hineingeben und bei starker Hitze 20 Sekunden unter Rühren dünsten. Die Garnelen und das Schweinefleisch dazugeben und 1 Minute braten. Dann die Nudeln, die Saucen, den Essig und den Fond in den Wok geben und bei starker Hitze 2–3 Minuten unter Rühren erhitzen, bis die Saucen völlig aufgesogen sind.
3. Sojasprossen und Frühlingszwieben dazugeben und 1 Minute unter Rühren garen. Das Gericht auf eine Servierplatte geben und mit Koriander garnieren.

Rindfleisch in Schwarzer Bohnensauce

Vorbereitungszeit:
20 Min.
Kochzeit:
10 Min.
Für 4 Personen

2 EL gesalzene schwarze Bohnen
1 Zwiebel
1 kleine rote Paprikaschote
1 kleine grüne Paprikaschote
2 TL Stärke
125 ml Rinderfond
2 TL Sojasauce
1 TL Zucker
2 EL Öl
1 TL Knoblauch, feingehackt
1/4 TL frisch gemahlener schwarzer Pfeffer
400 g Rump- oder Filetsteak, in dünne Streifen geschnitten

1. Die schwarzen Bohnen in Wasser einweichen und gut abspülen; abtropfen lassen und zerdrükken. Zwiebeln in Stücke schneiden; die Paprikaschoten halbieren, entkernen und in große Stücke schneiden. Maisstärke in den Rinderfond rühren, Sojasauce und Zucker dazugeben.
2. 1 EL Öl im Wok oder in einer Pfanne erhitzen, Knoblauch, Pfeffer, Zwiebel und Paprika zugeben und bei starker Hitze 1 Minute unter Rühren garen; dann alles in eine Schüssel geben.
3. Restliches Öl erhitzen, Fleischstreifen in die Pfanne geben und bei starker Hitze 2 Minuten bräunen. Schwarze Bohnen, die Stärkemischung und Gemüse hinzufügen und durchrühren, bis die Sauce andickt.

TIP
Vor dem Braten der Zutaten (besonders von Fleisch) sollte das Öl in Pfanne oder Wok gut erhitzt werden, da es die Poren schließt und das Fleisch saftig bleibt.

Nudeln mit Schweinefleisch und Garnelen (oben) und Rindfleisch in Schwarzer Bohnensauce

Chilinudeln mit Cashewnüssen

Vorbereitungszeit:
20 Min.
Kochzeit:
5 Min.
Für 4 Personen

200 g Spaghetti, in kleine Stücke gebrochen
60 ml Öl
2 TL Chiliöl
3 kleine rote Chilischoten, feingehackt
1/2 Becher ungesalzene Cashewnüsse, geröstet
1 rote Paprikaschote
2 Stangen Bleichsellerie, diagonal in Scheiben
225 g Maiskölbchen aus der Dose, abgetropft und halbiert
100 g Sojasprossen
1 EL Sojasauce
2 EL süße Chilisauce
2 EL Frühlingszwiebeln, gehackt

1. Die Nudeln al dente kochen und abtropfen lassen.
2. Beide Öle im Wok oder in einer Pfanne erhitzen, die Chilischoten zugeben und bei mittlerer Hitze 1 Minute unter Rühren garen. Dann die Cashewnüsse dazugeben und 1 Minute unter Rühren goldbraun rösten.
3. Das Gemüse in die Pfanne geben und bei mittlerer Hitze 3 Minuten garen, so daß es noch Biß hat. Dann Nudeln und Saucen dazugeben und gut durchrühren, bis alles vollständig erhitzt ist. Mit gehackten Frühlingszwiebeln bestreuen; sofort servieren.

Rindfleisch mit Orangenstreifen

Vorbereitungszeit:
15 Min. + 20 Min. Kühlzeit
Kochzeit:
10 Min.
Für 4 Personen

400 g Rumpsteak
2 TL geriebene Orangenschale
2 TL Sesamöl
200 ml Orangensaft
1 1/2 TL Maisstärke
2 EL Erdnußöl
1 kleine Zwiebel, in große Stücke geschnitten
2 kleine Möhren, in schmalen Streifen
150 g Stangenbohnen, in 5 cm großen Stücken
1 EL Sesamkörner, geröstet
1 EL Sojasauce
1 EL Sesamöl, zusätzlich

1. Überschüssiges Fett und Sehnen des Rumpsteaks entfernen und das Fleisch quer zur Faser in dünne Streifen schneiden; mit geriebener Orangenschale und Sesamöl in eine Glas- oder Kunststoffschale legen. Mit den Fingern die Gewürze ins Fleisch reiben; Schale mit Klarsichtfolie abdecken und 20 Minuten in den Kühlschrank stellen. Orangensaft und Maisstärke mischen und beiseite stellen.
2. Öl im Wok oder in einer Pfanne erhitzen, das Fleisch portionsweise dazugeben und bei starker Hitze unter Rühren bräunen; anschließend auf einen Teller geben und warm halten.
3. Die Pfanne wieder erhitzen, Zwiebeln, Möhren und Bohnen hineingeben und bei starker Hitze 2 Minuten unter Rühren garen, so daß das Gemüse noch Biß hat. Die Maisstärkemischung hinzufügen und durchrühren, bis die Sauce andickt. Fleisch wieder in die Pfanne geben. Sesamkörner, Sojasauce und zusätzliches Sesamöl zugeben und erhitzen. Sofort servieren.

Chilinudeln mit Cashewnüssen (oben), Rindfleisch mit Orangenstreifen

TIP
Sesamöl hat ein intensives Aroma und soll nur vorsichtig – zum Marinieren oder nachträglichem Würzen der fertigen Speisen – verwendet werden.

Pfannengerichte

Mit einigen frischen Zutaten, etwas Zeit und einer Pfanne mit schwerem Boden lassen sich schnell köstliche Gerichte bereiten. Die folgenden Rezepte eignen sich nicht nur für ein festliches Abendessen, sondern auch für ein schnelles Mittagessen. Sie sollten aber sofort serviert werden – aus der Pfanne direkt auf den Teller.

Rindfleisch mit Honig-Senf-Glasur

Vorbereitungszeit:
5 Min.
Kochzeit:
15 Min.
Für 4 Personen

1 EL Öl
4 Rinderfilets
2 TL frischer Ingwer, gerieben
2 Knoblauchzehen, zerdrückt
125 ml Rinderfond
80 ml Honig
2 EL frischer Koriander, gehackt
1 1/2 EL Dijonsenf
1 EL Sojasauce
frische Petersilie, gehackt, zum Garnieren

1. Öl in der Pfanne erhitzen; darin bei starker Hitze jede Steakseite 2 Minuten anbraten, damit sich die Poren schließen. Soll das Steak noch blutig sein, dann sollte es pro Seite nur noch 1 Minute in der Pfanne bleiben. Steaks »medium« weitere 2–3 Minuten bei mittlerer Hitze garen; durchgebratenes Fleisch noch 2–3 Minuten länger garen. Fleisch aus der Pfanne nehmen und warm halten.

2. Ingwer, Knoblauch, Rinderfond, Honig, Koriander, Senf und Sojasauce in die Pfanne geben und aufkochen. Auf mittlere Hitze reduzieren und unter häufigem Rühren unbedeckt 4 Minuten köcheln, bis die Sauce andickt. Die Sauce über die Steaks geben und mit Petersilie bestreuen.

Rindfleisch mit Honig-Senf-Glasur (rechts oben), Lammkoteletts mit Rosmarin in Wachsbohnensauce (Rezept S. 36)

Dez.

Lammkoteletts mit Rosmarin in Wachsbohnensauce

Vorbereitungszeit:
10 Min.
Kochzeit:
5 Min.
Für 4 Personen

310 g Wachsbohnen, aus der Dose
2 Knoblauchzehen, zerdrückt
2 EL saure Sahne
1 EL Zitronensaft
1 TL Paprikapulver
2 EL Öl
1 EL frischer Rosmarin, gehackt
8 Lammkoteletts

1. Abgetropfte Bohnen, Knoblauch, saure Sahne, Zitronensaft und Paprika in einer Küchenmaschine 30 Sekunden zu einer glatten Masse verarbeiten.
2. Öl und Rosmarin in der Pfanne erhitzen. Dann die Koteletts hineinlegen und bei starker Hitze beide Seiten etwa 2 Minuten anbraten; Steaks »medium« sollten pro Seite 1 Minute länger braten. Fleisch aus der Pfanne nehmen, auf Küchenpapier abtropfen lassen und warm halten. Überschüssiges Fett aus der Pfanne abgießen.
3. Bohnenpüree in die Pfanne geben und bei starker Hitze 1 Minute unter Rühren vollständig erhitzen. Mit den Koteletts sofort servieren.

Koteletts mit Johannisbeer-Glasur

Vorbereitungszeit:
10 Min.
Kochzeit:
20 Min.
Für 4 Personen

4 Schweinekoteletts
1 EL Öl
250 ml Weißwein
1/3 Becher Johannisbeergelee

1. Fett und Sehnen der Koteletts entfernen. Öl in einer schweren Pfanne erhitzen, Koteletts hineinlegen und bei mittlerer Hitze von beiden Seiten 8 Minuten braten. Koteletts aus der Pfanne nehmen und warm halten.
2. Wein und Gelee in die Pfanne geben, mit dem Bratsud verrühren. Sauce aufkochen und 10 Minuten köcheln lassen, bis sie etwa um die Hälfte reduziert ist; dann über die Koteletts geben.

Tip
Wischen Sie die noch warme Pfanne mit Papiertüchern aus, so bleibt sie sauberer.

Schweizer Rösti

Vorbereitungszeit:
10 Min.
Kochzeit:
40 Min.
Für 4 Personen

700 g Kartoffeln
1/2 TL Salz
Pfeffer, zum Abschmecken
1 EL Öl
30 g Butter

1. Kartoffeln schälen und grob reiben; überschüssige Feuchtigkeit fest auspressen. Die Kartoffelmasse auf Küchenpapier abtropfen lassen und pfeffern und salzen.
2. Das Öl und die Hälfte der Butter in einer schweren Pfanne erhitzen. Kartoffelmasse zugeben und mit einem Löffel glattstreichen. Bei schwacher Hitze etwa 20 Minuten ohne Rühren braten, bis die Masse gebräunt und unten knusprig ist. Auf einen Teller gleiten lassen und warm halten. Restliche Butter erhitzen. Wenn das Fett brutzelt, den Kartoffelkuchen mit der knusprigen Seite nach oben in die Pfanne legen; bei mittlerer Hitze 10 Minuten braten, bis die Masse gebräunt und unten knusprig ist. In Stücke schneiden und nach Wunsch mit Brot und frischem grünem Salat servieren.

Schweizer Rösti (oben) und Koteletts mit Johannisbeer-Glasur

1 Pilze zum Reis in die Pfanne geben und unter ständigem Rühren garen.

2 In das fertige Risotto Käse geben und die Pfanne vom Herd nehmen.

Risotto-Bratlinge

Vorbereitungszeit:
20 Min. + 75 Min. Kühlzeit
Kochzeit:
30 Min.
Für 4 Personen

800 ml Gemüsefond
1 EL Olivenöl
20 g Butter
1 kleine Zwiebel, feingehackt
1 Becher Rundkornreis für Risotto
150 g kleine Champignons, in dünnen Scheiben
1/3 Becher Parmesan, frisch gerieben
Öl zum Fritieren

1. Gemüsefond in einem kleinen Topf aufkochen. Hitze reduzieren, Topf abdecken und sanft köcheln lassen. Öl und Butter in einer schweren Pfanne erhitzen, Zwiebeln zugeben und bei mittlerer Hitze 3 Minuten glasig dünsten. Reis dazugeben, 2 Minuten garen lassen; Pilze zum Reis in die Pfanne geben und 3 Minuten unter ständigem Rühren garen.

2. Heißen Gemüsefond portionsweise (je 125 ml) in die Pfanne geben und rühren, bis er völlig absorbiert ist. Vorgang wiederholen, bis der ganze Gemüsefond zugefügt und der Reis zart und cremig ist (Dauer etwa 20 Minuten). Den Käse zum fertigen Risotto geben und die Pfanne vom Herd nehmen.

3. Mischung in eine Schüssel geben und mindestens 1 Stunde in den Kühlschrank stellen; mit befeuchteten Händen je 1/4 Tasse Risottomischung zu flachen Bratlingen formen.

4. Ca. 2 cm hoch Öl in einer beschichteten Pfanne erhitzen. Bratlinge von jeder Seite 3–4 Minuten braten und abtropfen lassen. Mit Relish servieren.

Risotto-Bratlinge

3 Risottomischung mit angefeuchteten Händen zu flachen Bratlingen formen.

4 Jede Seite der Bratlinge 3–4 Minuten braten; auf Papier abtropfen lassen.

Aromatische Schweinefleisch-Pfanne

Vorbereitungszeit:
15 Min.
Kochzeit:
25 Min.
Für 4 Personen

2 Schweinefilets (500 g)
60 ml Öl
1 große Zwiebel, feingehackt
1 großer grüner Apfel, geschält und feingewürfelt
1/2 TL weiße Senfkörner
2 TL Currypulver
1 TL frischer Ingwer, gerieben
1 Zimtstange
500 g reife Tomaten, gehäutet und in große Würfel geschnitten
1/2 TL Salz
125 ml Joghurt
1 EL frische Minze, feingehackt

1. Sehnen der Filets entfernen und das Fleisch quer zur Faser in Streifen schneiden. Die Hälfte des Öls in einer großen Pfanne erhitzen, das Fleisch dazugeben und 2–3 Minuten bräunen; aus der Pfanne nehmen und warm halten. Das restliche Öl in der Pfanne erhitzen, Zwiebeln und Äpfel hineingeben und 5 Minuten bräunen.
2. Senfkörner dazugeben und 1 Minute garen, bis die Körner zu platzen beginnen. Currypulver, Ingwer und Zimtstange hinzufügen und garen, bis sich das Aroma entfaltet; Fleisch, Tomaten und Salz hineingeben, Pfanne abdecken und 15 Minuten bei schwacher Hitze köcheln, bis das Fleisch zart ist.
3. Joghurt und frische Minze unterrühren und das Gericht erhitzen, aber nicht kochen. Sofort servieren.

Pfeffersteaks mit Weinbrandsauce

Vorbereitungszeit:
15 Min.
Kochzeit:
10 Min.
Für 4 Personen

2 EL rosa Pfefferkörner
2 EL weiße Pfefferkörner
2 EL schwarze Pfefferkörner
2 TL Salz
2 EL Öl
4 Filetsteaks

Weinbrandsauce:
6 Knoblauchzehen, zerdrückt
60 ml Weinbrand
250 ml Crème fraîche oder Sahne

1. Pfefferkörner in einer Küchenmaschine mahlen oder in eine Papiertüte füllen und mit einem Nudelholz zerdrücken; danach in einer Schüssel mit Salz und Öl verrühren. Mit den Fingern die Steaks mit der Mischung einreiben.
2. Eine schwere Pfanne stark erhitzen und die Steaks hineinlegen; auf mittlere Hitze reduzieren und das Fleisch 2–3 Minuten braten. Die Steaks wenden (darauf achten, daß die Pfefferkruste nicht zerstört wird) und die andere Seite 2–3 Minuten braten, bis das Fleisch außen knusprig und innen noch rosig ist. Steaks auf eine Servierplatte legen und warm halten.
3. Zubereitung der Weinbrandsauce: Knoblauch und Weinbrand in einer Pfanne 1 Minute stark erhitzen, Crème fraîche zufügen und bei mittlerer Hitze 3–4 Minuten unter ständigem Rühren erhitzen, bis die Sauce andickt und einen Löffel dick umhüllt. Die Sauce über jedes Steak geben und mit Röstkartoffeln, Kürbis und grünen Bohnen servieren.

Aromatische Schweinefleisch-Pfanne (oben) und Pfeffersteak mit Weinbrandsauce

> **TIP**
> Wenn Sie Reis zu einem Pfannengericht reichen, geben Sie auch Sauce über den Reis, und rühren Sie ihn durch. So bleibt er feucht und erhält ein besonderes Aroma.

Porree-Zucchini-Torte

Vorbereitungszeit:
20 Min.
Kochzeit:
40 Min.
Für 4 Personen

2 EL Olivenöl
3 Selleriestangen, in dünne Scheiben geschnitten
2 Zucchini, in streichholzgroßen Stiften
1 Knoblauchzehe, zerdrückt
Pfeffer und Salz
5 Eier, leicht geschlagen
1/3 Becher Parmesan, gerieben
1/3 Becher Schweizer Käse, in kleinen Würfeln

1. 1 EL Olivenöl in einer kleinen Pfanne erhitzen, Sellerie hinzufügen und unter ständigem Rühren garen, so daß das Gemüse noch Biß hat. Die Pfanne abdecken und weitere 10 Minuten garen. Zucchini und Knoblauch zugeben und wieder 10 Minuten weitergaren. Die Mischung in eine Schüssel füllen und abkühlen lassen; Pfeffer, Salz, Eier und Käse hinzufügen.
2. Restliches Öl in der Pfanne erhitzen, Mischung zugeben und glattstreichen. Bei schwacher Hitze 15 Minuten köcheln lassen, bis die Torte gestockt ist.
3. Die Torte 3–5 Minuten im Backofen grillen, bis sie knusprig braun ist. Vor dem Anschneiden 5 Minuten ruhen lassen.

Thunfischsteaks mit Kräuterkruste

Vorbereitungszeit:
15 Min. + 15 Min. Kühlzeit
Kochzeit:
10 Min.
Für 4 Personen

1 Becher frische Kräuter, gehackt
8 Scheiben altbackenes Brot, ohne Rinde
1 Ei
2 EL Milch
4 Thunfischsteaks
2 EL Olivenöl
Pfeffer und Salz, zum Abschmecken

1. Kräuter und Brot in der Küchenmaschine 30 Sekunden stark zerkleinern; Ei und Milch in einer Schüssel mit dem Schneebesen verrühren.
2. Thunfischsteaks in die Eimischung tauchen, gleichmäßig mit der Brot-Kräutermischung einreiben und 15 Minuten in den Kühlschrank stellen.
3. Öl in einer schweren Pfanne stark erhitzen. Steaks pro Seite je 2 Minuten anbraten, abschmecken und mit grünem Salat servieren.

Porree-Zucchini-Torte (oben) und Thunfischsteaks mit Kräuterkruste

Steaks mit Zwiebeln

Vorbereitungszeit:
10 Min.
Kochzeit:
20 Min.
Für 4 Personen

4 Filet- oder Rumpsteaks
2 große Zwiebeln
30 g Butter
2 Knoblauchzehen, feingehackt
1/2 TL Zucker
Pfeffer und Salz
1 EL Öl
2 EL Grillsauce
2 EL Petersilie, feingehackt

1. Überschüssiges Fett und die Sehnen der Steaks entfernen. Zwiebeln halbieren und in dünne Scheiben schneiden. Die Butter in einer großen Pfanne zerlassen, Zwiebeln zugeben und bei schwacher Hitze 5 Minuten glasig dünsten. Knoblauch und Zucker hinzufügen und 2 Minuten braten. Die Mischung auf einen vorgewärmten, mit Küchenpapier ausgelegten Teller geben, würzen und zum Warmhalten mit Alufolie abdecken.
2. Öl in der Pfanne erhitzen, die Steaks hineinlegen und beide Seiten 3–4 Minuten anbraten. Jedes Steak mit etwas Grillsauce bestreichen, etwas Zwiebelmischung darübergeben und – ohne das Fleisch zu wenden – weitere 3 Minuten (blutig) bzw. 5 Minuten (medium) braten. Anschließend mit Petersilie bestreuen und mit Pommes frites servieren.

Frikadellen mit Grillsauce

Vorbereitungszeit:
20 Min. + 30 Min. Kühlzeit
Kochzeit:
20 Min.
Für 6–8 Personen

750 g Rinderhack
250 g Wurstbrät
1 kleine Zwiebel, feingehackt
1 EL Worcestersauce
2 EL Tomatensauce
1 Becher Paniermehl
1 Ei, leicht geschlagen

Grillsauce
1 kleine Zwiebel, feingehackt
2 EL Mehl
1 EL Balsam-Essig
1 EL brauner Zucker
80 ml Tomatensauce
1 EL Worcestersauce
1 Becher Rinderfond

1. Rinderhack und Wurstbrät in eine große Schüssel legen, Zwiebeln, Saucen, Paniermehl und Ei hinzufügen und mit den Händen gründlich durchkneten. Mischung in 6 gleiche Portionen teilen und zu Frikadellen formen; 30 Minuten in den Kühlschrank stellen.
2. Pfanne erhitzen und leicht mit Öl ausstreichen. Die Frikadellen bei mittlerer Hitze etwa 7 Minuten auf jeder Seite braten, auf einen Teller legen, mit Klarsicht- oder Alufolie bedecken und warm halten.
3. Zubereitung der Grillsauce: Zwiebeln in die Pfanne geben und bei mittlerer Hitze 5 Minuten glasig dünsten, das Mehl unterrühren und 1 Minute kochen lassen. Nach und nach Essig, Zucker, Tomaten- und Worcestersauce sowie Rinderfond hinzufügen, zum Kochen bringen und 2 Minuten unter gelegentlichem Rühren köcheln lassen. Die Grillsauce über die Frikadellen geben und sofort servieren.

Tip
Frikadellen können auch auf dem Grill oder auf dem heißen Stein gebraten werden. Starke Hitze ist wichtig. Die glühende Holzkohle soll mit weißer Asche bedeckt sein und keine Flammen schlagen.

Steaks mit Zwiebeln (oben) und Frikadellen mit Grillsauce

Pfefferlammfilet mit Rosinensauce

Vorbereitungszeit:
15 Min.
Kochzeit:
20 Min.
Für 4 Personen

600 g Lammfilet
1 EL schwarzer Pfeffer
1 EL Öl
4 Frühlingszwiebeln, gehackt
2 EL Rosinen
2 EL Whisky
2 TL frischer Thymian, gehackt
250 ml Crème fraîche oder Sahne
Salz, zum Abschmecken

1. Überschüssiges Fett und Sehnen der Filets entfernen; danach das Fleisch mit Pfeffer einreiben. Öl in einer schweren Pfanne erhitzen, 2–3 Filets gleichzeitig bei mittlerer Hitze 3–4 Minuten anbraten, dabei gelegentlich wenden. Das Fleisch auf einen vorgewärmten Teller geben, mit Alufolie abdecken und warm halten.
2. Die Pfanne wieder auf den Herd stellen, Frühlingszwiebeln und Rosinen hineingeben und 2 Minuten dünsten. Whisky hineingießen und köcheln, bis die Flüssigkeit fast völlig verdampft ist; dann Thymian und Sahne dazugeben und unter gelegentlichem Rühren 2 Minuten köcheln lassen.
3. Das Fleisch in diagonale Scheiben schneiden und auf vorgewärmten Tellern arrangieren. Die Sauce über das Fleisch geben, mit Pfeffer und Salz abschmecken und sofort servieren, nach Wunsch mit gedünstetem Gemüse.

Kalbsschnitzel

Vorbereitungszeit:
20 Min. + 30 Min. Kühlzeit
Kochzeit:
4–6 Min.
Für 4 Personen

4 Kalbsschnitzel
1/3 Becher Mehl
2 Eier, leicht geschlagen
1/2 Becher Paniermehl
80 ml Öl
50 g Cheddar-Käse, in dünnen Scheiben
250 ml Tomaten-Nudelsauce aus dem Glas

1. Überschüssiges Fett und Sehnen des Fleischs entfernen. Die Schnitzel gleichmäßig flach klopfen und die Ränder einkerben, damit sie sich nicht einrollen. Ein Stück Butterbrotpapier mit Mehl bestäuben und das Fleisch im Mehl wälzen (überschüssiges Mehl abschütteln). Schnitzel einzeln in die Eimasse tunken, mit Paniermehl bedecken (Mehl fest mit den Fingern anpressen) und die überschüssigen Krumen abschütteln. Das Fleisch auf einer großen Servierplatte verteilen, mit Klarsichtfolie abdecken und 30 Minuten in den Kühlschrank stellen.
2. Öl in einer schweren Pfanne erhitzen und die Kalbsschnitzel bei mittlerer Hitze 2–3 Minuten braten; dann umdrehen und Käsescheiben auf die gebratene Seite legen. Das Fleisch weitere 2–3 Minuten braten, mit einem Pfannenheber aus der Pfanne nehmen, auf Papier abtropfen lassen.
3. Nudelsauce in der Mikrowelle oder in einem kleinen Topf erhitzen; die Schnitzel auf Teller verteilen; mit der Sauce begießen.

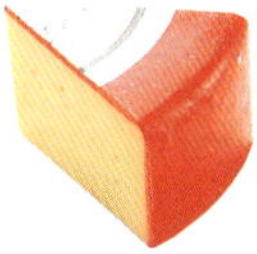

Kalbsschnitzel (oben) und Pfefferlammfilet mit Rosinensauce

TIP

Das Geheimnis eines guten Schnitzels liegt in der Verwendung von sehr dünn geschnittenem Fleisch. Bedecken Sie das Fleisch vor dem Weichklopfen mit Klarsichtfolie, damit es der Fleischhammer nicht auseinanderreißt. Bei bereits relativ dünnem Fleisch nehmen Sie am besten die glatte Seite des Holzhammers.

Würzige Auberginen

Vorbereitungszeit:
15 Min. + 15 Min. Ruhezeit
Kochzeit:
10 Min.
Für 4–6 Personen

2 Auberginen (à 250 g)
Salz
1/3 Becher Mehl
2 TL Kreuzkümmel, gemahlen
2 TL Koriander, gemahlen
1 TL Chilipulver
Öl, zum Fritieren
125 ml Naturjoghurt
1 EL frische Minze, gehackt

1. Auberginen in 1 cm dicke Scheiben schneiden, auf ein Backblech verteilen und stark salzen. Das Blech 15 Minuten stehen lassen, die Scheiben gründlich waschen und mit Papier trocken tupfen.
2. Mehl und Gewürze auf einen Teller sieben und die Auberginen in der Mehlmischung wälzen (überschüssiges Mehl abschütteln).
3. Ca. 2 cm hoch Öl in einer gußeisernen Pfanne erhitzen; Auberginenscheiben portionsweise 2–3 Minuten pro Seite goldbraun anbraten und auf Küchenpapier abtropfen lassen. Joghurt und Minze verrühren und zu den warmen Scheiben servieren.

Seeforelle mit Basilikum-Crème fraîche

Vorbereitungszeit:
10 Min.
Kochzeit:
12 Min.
Für 4 Personen

1 EL Öl
30 g Butter
4 Seeforellenfilets
2 Stangen Porree, in dünnen Scheiben
125 ml trockener Weißwein
125 ml Fischfond
125 ml Crème fraîche
1/4 Becher frische Basilikumblätter, in Streifen

1. Öl und Butter in einer Pfanne erhitzen, Fischfilets hineinlegen und beide Seiten 2 Minuten anbraten. Fisch aus der Pfanne nehmen, mit Klarsichtfolie abdekken und warm halten.
2. Porree in die Pfanne geben und bei mittlerer Hitze 5 Minuten unter Rühren garen. Wein zufügen und die Mischung 2 Minuten köcheln lassen, bis die Flüssigkeit um die Hälfte reduziert ist. Fischfond dazugeben und köcheln lassen, bis sich die Flüssigkeit um die Hälfte reduziert hat.
3. Crème fraîche und Basilikum hinzufügen und 1 Minute unter Rühren stark erhitzen. Mischung über die Fischfilets geben und mit Salat servieren.

Würzige Auberginen (oben), Seeforelle mit Basilikum-Crème fraîche

TIP

Man kann hier auch Weißfischfilets nehmen. Crème fraîche stellen Sie am besten her, indem Sie 1 Becher Sahne (mind. 30%) mit einem 1/2 Becher Sauerrahm vermengen. Diese Mischung 5–6 Stunden bei Raumtemperatur stehen lassen. Luftdicht verschlossen ist sie 10 Tage haltbar.

1 Zutaten verrühren und in die Mitte der Mischung eine Vertiefung drücken.

2 Den Teig mit einem Schneebesen sorgfältig, aber nicht zu lange durchrühren.

Fritierte grüne Tomaten

Vorbereitungszeit:
10 Min.
Kochzeit:
12 Min.
Für 4–6 Personen

3/4 Becher Mehl
1 TL Salz
1/2 TL weißer Pfeffer
1/4 Becher Maismehl
1 Ei
200 ml Milch
4 grüne Tomaten (500 g) (siehe Tip)
Öl, zum Fritieren

1. Mehl, Maismehl, Pfeffer und Salz in einer Schüssel verrühren und in die Mitte der Mischung eine Vertiefung drücken.
2. Ei und Milch verrühren, zur Mehlmischung geben; mit einem Schneebesen durchrühren, aber nicht zu lange.
3. Die Tomaten in dicke Scheiben schneiden. Den Boden einer Pfanne etwa 1 cm hoch mit Öl bedecken und erhitzen.
4. Tomaten in den Teig tauchen; überschüssigen Teig abtropfen lassen und die Tomatenscheiben von beiden Seiten 1 Minute ausbacken, dabei einmal wenden. Dann auf Küchenpapier abtropfen lassen und sofort servieren.

Tip
Bei grünen Tomaten handelt es sich um unreife Tomaten; man kann auch halbreife rote Tomaten mit einigen grünen Stellen nehmen.

Fritierte grüne Tomaten

3 Tomaten in dicke Scheiben schneiden, die sich problemlos fritieren lassen.

4 Die Scheiben mit Backteig in Öl mehrere Minuten ausbacken; einmal wenden.

Kalbssteaks mit Tomaten-Sardellen-Sauce

Vorbereitungszeit:
15 Min.
Kochzeit:
15 Min.
Für 4 Personen

1 EL Öl
8 kleine Kalbssteaks
1 Zwiebel, gehackt
2 Knoblauchzehen, gehackt
4 Sardellenfilets, gehackt
500 g reife Tomaten, gehackt
1 EL Balsam-Essig
Pfeffer und Salz, zum Abschmecken
$1/2$ Becher schwarze Oliven, entsteint und halbiert
1 EL frische Petersilie, gehackt

1. Das Öl in einer schweren Pfanne erhitzen, dann die Steaks von beiden Seiten 1–2 Minuten bei mittlerer Hitze braten, auf einen vorgewärmten Teller geben und anschließend mit Klarsichtfolie abdecken.
2. Zwiebeln und Knoblauch in die Pfanne geben und unter ständigem Rühren bei schwacher Hitze 5 Minuten dünsten. Sardellen und Tomaten hinzufügen und weitere 5 Minuten garen. Dann den Essig unterrühren und die Sauce mit Pfeffer und Salz abschmecken. Die Sauce 1 Minute köcheln lassen, Oliven und Petersilie unterrühren und erhitzen.
3. Steaks auf vorgewärmte Teller geben, 2–3 EL Sauce darübergeben und nach Wunsch mit Nudeln servieren.

Hühnchen mit würziger Zwiebelsauce

Vorbereitungszeit:
10 Min.
Kochzeit:
25 Min.
Für 4 Personen

$1/3$ Becher Mehl
1 TL Paprikapulver
1 TL Gelbwurz, gemahlen
1 TL Kreuzkümmel, gemahlen
1 TL Koriander, gemahlen
$1/2$ TL Chilipulver
$1/2$ TL Knoblauchsalz
8 Hühnerfilets, überschüssiges Fett entfernt
2 EL Öl
2 Zwiebeln, in Stücke geschnitten
2 TL frischer Ingwer, gerieben
$1/4$ Becher Fruchtchutney
250 ml Hühnerfond

1. Mehl, Paprikapulver, Gelbwurz, Kreuzkümmel, Koriander, Chilipulver und Knoblauchsalz in einer Schüssel verrühren, die Hühnerfilets sorgfältig darin wälzen und überschüssige Panade abschütteln.
2. Die Hälfte des Öls in einer gußeisernen Pfanne erhitzen, die Hühnerfilets von beiden Seiten bei mittlerer Hitze 3 Minuten goldbraun braten; dabei einmal wenden. Die Filets aus der Pfanne nehmen und auf Küchenpapier gut abtropfen lassen.
3. Das restliche Öl in der gleichen Pfanne erhitzen, Zwiebeln und Ingwer 3 Minuten glasig dünsten und Chutney und Hühnerfond sorgfältig unterrühren. Die Filets wieder in die Pfanne geben und bei schwacher Hitze in der abgedeckten Pfanne 15 Minuten köcheln lassen, bis die Filets gar sind. Anschließend weitere 5 Minuten ohne Deckel köcheln lassen, bis die Sauce andickt; nach Wunsch mit Frühlingszwiebel- und Paprikastreifen garnieren.

Kalbssteaks mit Tomaten-Sardellen-Sauce (oben) und Hühnchen mit würziger Zwiebelsauce

Tip
Wenn Sie die Gewürze bei starker Hitze unter Rühren anbraten, entfalten sie ihr ganzes Aroma.

Hühnchen à l'orange

Vorbereitungszeit:
15 Min.
Kochzeit:
50 Min.
Für 4 Personen

30 g Butter
1 EL Öl
8 Hühnerkeulen
2 Zwiebeln, in Scheiben
2 Knoblauchzehen, zerdrückt
60 ml Orangensaft
2 TL geriebene Orangenschale
1 TL brauner Zucker
125 ml Weißwein
125 ml Wasser
40 g Französische Zwiebelsuppe, aus der Tüte

1. Butter und Öl in einer schweren Pfanne erhitzen, Hühnerkeulen hinzugeben und bei mittlerer Hitze 5 Minuten braten, bis sie knusprig braun sind; dabei gelegentlich wenden. Die Keulen aus der Pfanne nehmen und auf Küchenpapier abtropfen lassen.
2. Zwiebeln und Knoblauch in die Pfanne geben und bei mittlerer Hitze 3 Minuten glasig dünsten. Orangensaft, Orangenschale, Zucker, Wein und in Wasser aufgelöste Zwiebelsuppenmischung unterrühren.
3. Hühnerkeulen wieder in die Pfanne geben, die Sauce zum Kochen bringen und in der geschlossenen Pfanne bei schwacher Hitze 40 Minuten garen, bis das Fleisch zart ist und die Sauce angedickt ist. (Sauce gelegentlich umrühren.) Nach Wunsch mit Tomaten und Reissalat servieren.

Lammleber mit Frühstücksspeck

Vorbereitungszeit:
10 Min.
Kochzeit:
30 Min.
Für 6 Personen

1 Lammleber (750 g)
1/4 Becher Maismehl
1/4 Becher schwarzer Pfeffer, gemahlen
6 Scheiben Frühstücksspeck
2 EL Öl
2 Zwiebeln, in dünne Scheiben geschnitten
1 Würfel Rinderbrühe, zerdrückt
250 ml kochendes Wasser

1. Die Leber waschen, in dünne, gleichmäßige Scheiben schneiden (Adern oder verfärbte Stellen entfernen) und mit Küchenpapier trokken tupfen. Maismehl und Pfeffer auf einem Stück Butterbrotpapier vermischen, die Leber darin wälzen und überschüssige Panade abschütteln.
2. Speck in große Streifen schneiden, in einer Pfanne knusprig braten und auf Papier abtropfen lassen. Öl in die Pfanne geben, die Zwiebeln bei schwacher Hitze 5–10 Minuten goldbraun braten; mit einem Schaumlöffel herausnehmen.

Lammleber mit Frühstücksspeck (oben) und Hühnchen à l'orange

3. Die Leber in kleinen Portionen bei mittlerer Hitze sorgfältig von beiden Seiten bräunen, aus der Pfanne nehmen und auf Küchenpapier abtropfen lassen. Leber, Speck und Zwiebeln wieder in die Pfanne geben, den Brühwürfel in kochendem Wasser auflösen und nach und nach in die Pfanne geben. Das Ganze bei mittlerer Hitze 10 Minuten köcheln lassen, bis die Sauce andickt. Nach Wunsch mit Röstkartoffeln und gedünstetem Gemüse servieren.

TIP
Leber ist reich an Vitamin A und B. Eine Portion (150 g) enthält weit mehr als die empfohlene Tagesdosis dieser Vitamine.

Rosmarinhühnchen mit Zitrone

Vorbereitungszeit:
10 Min.
Kochzeit:
30 Min.
Für 4 Personen

30 g Butter
1 EL Öl
4 Hühnerkeulen, ohne Haut
2 kleine rote Chilischoten, feingehackt
1 EL frischer Rosmarin, gehackt
6 Knoblauchzehen, zerdrückt
80 ml Zitronensaft
80 ml Hühnerfond
4 Kartoffeln, geschält, in 3 cm großen Würfeln

1. Butter und Öl in einer schweren Pfanne erhitzen, Hühnerkeulen hinzugeben und bei mittlerer Hitze 5 Minuten braten, bis sie knusprig braun sind.
2. Chilischoten, Rosmarin, Knoblauch, Zitronensaft, Hühnerfond und Kartoffeln hinzufügen und in der geschlossenen Pfanne bei schwacher Hitze 25 Minuten köcheln, bis die Keulen und die Kartoffeln gar sind; dabei gelegentlich umrühren und überschüssiges Fett abschöpfen. Nach Wunsch mit gedünsteten Möhren servieren.

Schweinesteaks mit Ingwersauce

Vorbereitungszeit:
10 Min.
Kochzeit:
8 Min.
Für 4 Personen

4 große Schweinesteaks
1 EL Öl
1 TL frischer Ingwer, gerieben
250 ml Cidre oder Apfelwein
1 TL Stärke
1 EL Schnittlauch, gehackt

1. Überschüssiges Fett und Sehnen der Steaks entfernen, das Öl in einer schweren Pfanne erhitzen und das Fleisch bei mittlerer Hitze von beiden Seiten 2–3 Minuten braten, bis es gar ist; dabei einmal wenden. Steaks aus der Pfanne nehmen und warm halten.
2. Ingwer in die Pfanne geben und mit einem Holzlöffel verrühren. Dann 1 EL Cidre in einer kleinen Schüssel mit der Stärke verrühren, zum restlichen Cidre geben und in die Pfanne gießen. Das Ganze zum Kochen bringen und 2 Minuten unter ständigem Rühren köcheln lassen, bis die Sauce andickt. Schnittlauchröllchen unterrühren und die Sauce über die Steaks verteilen.

Rosmarinhühnchen mit Zitrone (oben) und Schweinesteaks mit Ingwersauce

Würzige Steaks

Vorbereitungszeit:
5 Min.
Kochzeit:
10 Min.
Für 4 Personen

4 Filetsteaks
2 EL schwarzer Pfeffer, zerstoßen
2 TL Öl
125 ml Hühnerfond
1 EL Worcestersauce
1 EL Tomatensauce
1 TL milder Senf
1/2 TL scharfer, englischer Senf
1 Knoblauchzehe, zerdrückt
2 EL Petersilie, feingehackt
30 g Butter

1. Überschüssiges Fett der Steaks entfernen und das Fleisch mit Senf einreiben. Das Öl in einer schweren Pfanne erhitzen und die Steaks bei starker Hitze 3–5 Minuten von beiden Seiten kräftig anbraten; dabei einmal wenden. Steaks »blutig« sollten pro Seite 1 Minute länger in der Pfanne bleiben. Steaks »medium« weitere 2–3 Minuten bei mittlerer Hitze garen. 5 Minuten für durchgebratenes Fleisch. Steaks herausnehmen und warm halten.
2. Fond, Tomaten- und Worcestersauce, Senf und Knoblauch in die Pfanne geben und mit einem Holzlöffel kräftig verrühren. Sauce zum Kochen bringen und 30 Sekunden kochen lassen, bis sie etwas andickt; dann die Temperatur reduzieren. Petersilie und Butter einrühren, bis die Butter zergeht. Steaks wieder in die Pfanne geben und erhitzen. Nach Wunsch mit Schwenkkartoffeln und gedünsteten grünen Bohnen oder Zuckererbsen servieren.

Spanisches Omelett mit Räucherlachs

Vorbereitungszeit:
15 Min.
Kochzeit:
35 Min.
Für 4 Personen

60 ml Öl
2 Zwiebeln, feingehackt
400 g Kartoffeln, geschält, in 1 cm großen Würfeln
weißer Pfeffer und Salz, zum Abschmecken
125 g Räucherlachs, feingehackt
2 EL frische Petersilie, gehackt
5 Eier, leicht geschlagen
60 ml Sahne

1. 2 EL Öl in einer schweren Pfanne erhitzen, Zwiebeln und Kartoffeln hinzufügen und unter ständigem Rühren bei mittlerer Hitze 5 Minuten braten, bis die Kartoffeln goldbraun sind. Anschließend in der abgedeckten Pfanne bei schwacher Hitze weitere 5 Minuten bräunen, bis die Kartoffeln und die Zwiebeln gar sind.
2. Die Kartoffelmischung in eine Schüssel geben, Lachs und Petersilie unterrühren, Eier und Sahne vermischen und ebenfalls unterrühren.
3. Das restliche Öl erhitzen, die Omelettmischung hineingeben und bei schwacher Hitze 10 Minuten garen, bis die Eier an der Oberfläche stocken. Die Pfanne in den stark vorgeheizten Backofen stellen und das Omelett 1–2 Minuten grillen, bis die Oberfläche fest wird. Das Omelett an einem warmen Ort mehrere Minuten ruhen lassen (damit es sich völlig setzt) und vor dem Servieren in Stücke schneiden.

Tip

Sie können auch anderen Räucherfisch wie Forelle oder Makrele nehmen oder Lachs aus der Dose, der aber gut abtropfen muß und weder Haut noch Gräten haben darf.

Würzige Steaks (oben) und Spanisches Omelett mit Räucherlachs

Fisch in würziger Kokossauce

Vorbereitungszeit:
15 Min.
Kochzeit:
10 Min.
Für 4 Personen

1 1/2 EL Öl
4 feste Weißfischfilets
1 EL Öl, zusätzlich
2 Knoblauchzehen, zerdrückt
2 TL frischer Ingwer, gerieben
4 Frühlingszwiebeln, gehackt
1 TL Kreuzkümmel, gemahlen
1 TL Currypulver
1 TL Paprikapulver
250 ml Kokosmilch
1 EL Zitronensaft
2 EL frischer Koriander, gehackt

1. Öl in einer Pfanne erhitzen und die Fischfilets bei mittlerer Hitze von beiden Seiten 2 Minuten braten, bis sie eben gar sind. Filets aus der Pfanne nehmen, auf Küchenpapier abtropfen lassen und warm stellen.
2. Zusätzliches Öl in der Pfanne erhitzen und Knoblauch, Ingwer und Frühlingszwiebeln bei mittlerer Hitze 2 Minuten dünsten. Kreuzkümmel, Curry und Paprikapulver 1 Minute bei starker Hitze unterrühren.
3. Kokosmilch und Zitronensaft hinzufügen und unter ständigem Rühren 3 Minuten bei schwacher Hitze in der offenen Pfanne köcheln lassen, bis die Sauce andickt. Koriander unterrühren, die Sauce über die Filets geben und nach Wunsch mit Salat servieren.

Lammsteaks in Currysauce

Vorbereitungszeit:
15 Min.
Kochzeit:
10 Min.
Für 4 Personen

2 EL Öl
500 g Lammsteaks
2 Zwiebeln, in Scheiben geschnitten
2 Knoblauchzehen, zerdrückt
2 TL frischer Ingwer, gerieben
1 kleine rote Chilischote, gehackt
1 EL rote Currypaste
2 EL Zitronensaft
125 ml Lamm- oder Hühnerfond
2 EL frische Minze, gehackt
2 EL frischer Koriander, gehackt

1. Öl in einer schweren Pfanne erhitzen, die Lammsteaks hineinlegen und 4 Minuten bei mittlerer Hitze goldbraun braten; dabei einmal wenden. Die Steaks aus der Pfanne nehmen, auf Küchenpapier abtropfen lassen, mit Folie abdekken und warm halten.

Lammsteaks in Currysauce (oben) und Fisch in würziger Kokossauce

2. Zwiebeln, Knoblauch, Ingwer und Chilischote dazugeben und bei mittlerer Hitze 3 Minuten glasig dünsten. Currypaste zufügen und bei starker Hitze 1 Minute einrühren, bis sie duftet.

3. Dann den Zitronensaft, den Fond, die Minze und den Koriander dazugeben und bei mittlerer Hitze 2 Minuten köcheln lassen, bis die Sauce dick zu werden beginnt. Anschließend die Lammsteaks wieder in die Pfanne geben und kurz erhitzen. Reichen Sie die Lammsteaks je nach Wunsch mit grünem Salat.

Fisch mit Tomatensauce

Vorbereitungszeit: 15 Min.
Kochzeit: 20 Min.
Für 4 Personen

1 EL Öl
1 Knoblauchzehe, zerdrückt
1 kleine rote Paprikaschote, feingehackt
1 Zwiebel, feingehackt
500 g Tomaten, grobgehackt
Pfeffer und Salz, zum Abschmecken
1 TL Zucker
1 TL Chilisauce
60 ml Wasser
4 Weißfischfilets
Pfeffer und Salz, zusätzlich
Saft von 1/2 Zitrone
2 EL frischer Koriander, feingehackt

1. Öl in einer großen Pfanne erhitzen, Knoblauch, Paprika und Zwiebel unter gelegentlichem Rühren bei mittlerer Hitze 10 Minuten dünsten, bis sie gar sind. Tomaten, Pfeffer, Salz, Zucker und Chilisauce hinzufügen und bei schwacher Hitze 10 Minuten köcheln lassen, bis die Sauce andickt. Das Wasser unterrühren und erhitzen.
2. Die Fischfilets in die Pfanne geben, mit Pfeffer, Salz und Zitronensaft würzen und in der abgedeckten Pfanne bei mittlerer Hitze 5 Minuten garen, bis sich die Filets mit Hilfe einer Gabel zerteilen lassen. Dann mit Koriander bestreuen und sofort servieren.

Hühnchen mit Kräuter-Sahne-Sauce

Vorbereitungszeit: 15 Min.
Kochzeit: 10 Min.
Für 4 Personen

2 EL Öl
4 Hühnerbrustfilets
1 Zwiebel, in Stücke geschnitten
2 Knoblauchzehen, zerdrückt
250 g kleine Champignons
160 ml saure Sahne
125 ml Hühnerfond
2 EL Dijonsenf
2 TL Zitronensaft
2 EL frische Petersilie, gehackt
1 EL frischer Oregano, gehackt
1 EL frischer Thymian, gehackt

1. Öl in einer Pfanne erhitzen und die Hühnerfilets bei mittlerer Hitze von beiden Seiten 3 Minuten braten, dabei einmal wenden. Filets aus der Pfanne nehmen, auf Küchenpapier abtropfen lassen, mit Klarsichtfolie abdecken und warm halten.
2. Zwiebeln und Knoblauch bei mittlerer Hitze 2 Minuten glasig dünsten, die Champignons hinzufügen und 2 Minuten bräunen.
3. Saure Sahne, Hühnerfond, Senf, Zitronensaft, Petersilie, Oregano und Thymian unterrühren und bei mittlerer Hitze 2 Minuten köcheln lassen. Die Filets wieder in die Pfanne geben und bei starker Hitze 2–3 Minuten erhitzen, bis sie zart sind. Nach Wunsch mit Nudeln servieren.

TIP
Pfannengerichte sollten sofort serviert werden; allerdings lassen sich einige Saucen, z.B. die Tomatensauce 1–2 Tage vorher bereiten. Sie können auch die doppelte Saucenmenge bereiten und einen Teil einfrieren (im Tiefkühlfach mehrere Wochen haltbar).

Fisch mit Tomatensauce (oben) und Hühnchen mit Kräuter-Sahne-Sauce

REGISTER

Vorderseite: Rindfleisch mit Pak-Choi (rechts; Rezept S.12) und Nudeln mit Schweinefleisch und Garnelen (links; Rezept S.30).